C'EST QUOI ?

C'EST QUI ? C'EST OÙ ?
LA PETITE ENCYCLOPÉDIE DE L'ESPACE

SOMMAIRE

SOMMAIRE	PAGE 3
L'UNIVERS	PAGE 4
LE BIG BANG	PAGE 5
LES GALAXIES	PAGE 6
LES SYSTÈMES	PAGE 7
LES ÉTOILES	PAGE 8
LES TROUS NOIRS	PAGE 9
LES PLANÈTES	PAGE 10
LES EXOPLANÈTES	PAGE 11
LA VOIE LACTÉE	PAGE 12
LES CONSTELATIONS	PAGE 13
LE SYSTÈME SOLAIRE	PAGE 14
LE SOLEIL	PAGE 15
LA TERRE	PAGE 16
LA LUNE	PAGE 17
MERCURE	PAGE 18
VÉNUS	PAGE 19
MARS	PAGE 20
JUPITER	PAGE 21

SOMMAIRE

SATURNE .... **PAGE 22**

URANUS .... **PAGE 23**

NEPTUNE .... **PAGE 24**

LES SATELLITES .... **PAGE 25**

LES PLANÈTES NAINES .... **PAGE 26**

LES ASTÉROÏDES .... **PAGE 27**

LES COMÈTES .... **PAGE 28**

LES MÉTÉORITES .... **PAGE 29**

LA VIE .... **PAGE 30**

LA GRAVITÉ .... **PAGE 31**

LA VITESSE DE LA LUMIÈRE .... **PAGE 32**

NEWTON .... **PAGE 33**

COPERNIC .... **PAGE 34**

ARMSTRONG .... **PAGE 35**

GALILÉE .... **PAGE 36**

EINSTEIN .... **PAGE 37**

LES TÉLESCOPES .... **PAGE 38**

LES FUSÉES .... **PAGE 39**

VOYAGER 1 .... **PAGE 40**

CONCLUSION .... **PAGE 41**

L'UNIVERS

L'UNIVERS EST L'ENSEMBLE DE TOUT CE QUI EXISTE : LES GALAXIES, LES PLANÈTES, LES ÉTOILES, LE GAZ, ETC. IL AURAIT 13,7 MILLIARDS D'ANNÉES ET SERAIT APPARU À LA SUITE DU BIG BANG.

LA DÉCOUVERTE

L'homme n'a pas toujours compris comment était fait l'univers. Pendant longtemps, nous avons pensé qu'il était composé du Soleil, de la Terre et de quelques étoiles.
C'est au début de la Renaissance que les découvertes vont s'accélérer, jusqu'à comprendre qu'il existe en réalité des milliards de galaxies.

LA TAILLE

La taille de l'univers observable est de 13,7 milliards d'années-lumière. Mais il mesurerait en réalité plusieurs dizaines de milliards d'années-lumière.

LES CARACTÉRISTIQUES

Notre univers existe depuis environ 13,7 milliards d'années, depuis le Big Bang. Il est composé de milliards de galaxies, elles-mêmes composées de milliards d'étoiles. Il est toujours en expansion, c'est-à-dire qu'il continue à grossir et mesure plusieurs milliards d'années-lumière (une année-lumière est la distance que parcourt la lumière en une année).

LE BIG BANG

UNIVERS

LE BIG BANG EST UNE THÉORIE SCIENTIFIQUE POUR EXPLIQUER LA CRÉATION DE NOTRE UNIVERS. IL A EU LIEU IL Y A 13,7 MILLIARDS D'ANNÉES.

HISTOIRE

Grâce à la théorie de Albert Einstein sur la relativité générale, il a été plus facile de trouver une théorie et de comprendre les début de notre univers. C'est d'ailleurs le premier a proposer une théorie appelée "univers d'Einstein".
C'est Edwin Hubble qui découvrit que les galaxies s'éloignaient les une des autres et donc, que l'univers était en expansion. Très vite, une théorie vu le jour, celle du Big Bang, au départ un univers très concentré, puis une explosion qui créa l'univers.

CHRONOLOGIE

L'ère de Planck : au tout début, il y a 13,8 milliards d'années, l'univers était très petit et très chaud.
Au bout de quelques minutes, après une forte expansion, les premiers atomes voyaient le jour.
180 millions d'années plus tard, les premières étoiles naissaient. Elles étaient probablement très grosses.
500 millions d'années après, les premières étoiles mouraient, ce qui donna naissance aux premières galaxies.

UNE THÉORIE

La théorie du Big Bang comporte quelques problèmes, notamment sur les quantités de matière extrêmement importantes, qui rendent les calculs difficiles.

UNIVERS

LES GALAXIES

LES GALAXIES SONT DES AMAS D'ÉTOILES. NOTRE UNIVERS EN COMPTE PLUSIEURS MILLARDS ET CHACUNE D'ELLES EST COMPOSÉE DE MILLIARDS D'ÉTOILES.

FORMATION

Les galaxies se sont formées quelques millions d'années après le Big Bang, grâce à la gravitation. En effet, suite à la formation des étoiles, elles se sont petit à petit rapprochées grâce à la force de la gravitation. Aujourd'hui, on estime qu'il y a environ 170 milliards de galaxies dans notre univers. Leur taille et leur forme varie, mais elles comptent toutes plusieurs milliards d'étoiles, mais aussi des planètes, des astéroïdes, des satellites ou encore des nébuleuses.

CARACTÉRISTIQUES

Une galaxie est composée de plusieurs milliards d'étoiles. En son centre est positionné un objet super massif, un trou noir. Une galaxie peut avoir plusieurs formes, spirale, elliptique ou irrégulière et mesure plusieurs milliers d'années-lumière. La nôtre, la Voie lactée, est une galaxie qui mesure 100 000 années-lumière.

LES SYSTÈMES

UNIVERS

UN SYSTÈME PLANÉTAIRE EST UN ENSEMBLE DE PLANÈTES ET D'OBJETS, COMME LES ASTÉROÏDES, QUI GRAVITE AUTOUR D'UNE ÉTOILE.

FORMATION

La formation d'un système planétaire résulte de l'effondrement d'un nuage de gaz. En son centre, une étoile apparaît et propulse le reste des éléments. Les grosses planètes (gazeuses), constituées d'éléments légers, seront loin de l'étoile. Les petites planètes, constituées d'éléments lourds, seront proches de l'étoile. Certains objets resteront de petits cailloux et deviendront des astéroïdes et des comètes.

CARACTÉRISTIQUES

Un système planétaire peut être composé de planètes telluriques, de planètes gazeuses, de satellites, de comètes, et d'astéroïdes.
Il y a encore quelques années, on pensait qu'ils étaient rares. Aujourd'hui, nous savons que la majorité des étoiles comportent un système planétaire. Nous en avons découvert plusieurs milliers.
Certains possèdent même des planètes situées dans la zone habitable.

SYSTÈME SOLAIRE

Le système solaire est notre système planétaire. Il est composé du Soleil, de 8 planètes (Mercure, Vénus, la Terre, Jupiter, Saturne, Uranus, Neptune), de planètes naines, de plusieurs centaines de satellites, de comètes et d'astéroïdes.

UNIVERS

LES ÉTOILES

UNE ÉTOILE EST UNE BOULE DE FEU GIGANTESQUE AU CENTRE DES SYSTÈMES PLANÉTAIRES. LE SOLEIL EST NOTRE ÉTOILE, ELLE APPARTIENT AU SYSTÈME SOLAIRE.

CARACTÉRISTIQUES

Une étoile est une boule de matière en fusion. Elle crée sa propre lumière par une réaction thermonucléaire. Elle transforme de l'hydrogène en hélium et produit alors une grande quantité de chaleur. Il existe des étoiles de différentes grosseurs et de différentes couleurs en fonction de leur masse et de leur température.

LA NAISSANCE

Les étoiles naissent après la contraction de gaz et de poussière appelés nébuleuses. C'est grâce à la gravité que le nuage de gaz donnera naissance à une étoile. Il en existe plusieurs milliards dans chaque galaxie. La plus vieille connue à ce jour a près de 13,3 milliards d'années. La plus proche de nous est le Soleil, situé à environ 150 millions de km.

TROU NOIR

UNIVERS

UN TROU NOIR EST UN OBJET SUPER-MASSIF, TELLEMENT LOURD QUE MÊME LA LUMIÈRE NE PEUT S'EN ÉCHAPPER. IL EST DONC NOIR, INVISIBLE À L'ŒIL NU, D'OÙ SON NOM.

FORMATION

Les trous noirs se forment lorsqu'une grande quantité de matière est concentrée au même endroit. Souvent, lorsqu'une étoile supermassive explose en supernova et si elle est assez grosse, un trou noir va se créer. Le trou noir va alors aspirer tout ce qui se trouve à sa portée : des planètes, des satellites, mais aussi d'autres étoiles et même la lumière. Un trou noir n'est donc pas visible, car la lumière ne peut pas en ressortir. Par contre, nous pouvons facilement constater ses effets sur les objets qui l'entourent.

CARACTÉRISTIQUES

Un trou noir avale tous les objets à proximité. Il est capable d'avaler plusieurs milliers de soleils en même temps. Un objet qui s'approche de lui est aspiré et s'allonge comme un spaghetti. C'est la spaghettification. Pour l'objet, le temps va alors se ralentir jusqu'à sembler s'arrêter.

SUPER TROU NOIR

Au centre des galaxies, on constate la présence de super trous noirs. Des trous noirs encore plus massifs. Celui au centre de la Voie lactée a une masse équivalente à plusieurs millions de fois notre Soleil.

LES PLANÈTES

UNIVERS

LES PLANÈTES SONT DES ASTRES EN ORBITE AUTOUR D'UNE ÉTOILE, ELLES PEUVENT ÊTRE TELLURIQUES, COMME LA TERRE, OU GAZEUSES COMME JUPITER.

C'EST QUOI UNE PLANÈTE ?

Une planète est une boule de matière en orbite autour d'une étoile. Elle peut être composée principalement de roches : ce sont les planètes telluriques, ou principalement de gaz : ce sont les planètes gazeuses. Elle possède souvent des satellites, des objets en orbite autour d'elle. C'est par exemple le cas de la Lune pour la Terre. Contrairement aux étoiles, les planètes ne produisent pas de lumière, nous pouvons donc les observer, car elles réfléchissent la lumière des étoiles.

LES PLANÈTES NAINES

Une planète naine est une petite planète qui n'a pas complètement nettoyé son orbite. Pluton est par exemple une planète naine. La lune a été créé par la collision de la Terre avec une planète naine.

LES EXOPLANÈTES

Une exoplanète est une planète hors de notre système solaire. Nous les pensions très rares, mais aujourd'hui, nous savons, qu'il en existe presque sur chaque étoile. Certaines ressemblent même étrangement à notre Terre.

EXOPLANÈTES

UNIVERS

UNE EXOPLANÈTE EST UNE PLANÈTE TELLURIQUE OU GAZEUSE QUI EST HORS DE NOTRE SYSTÈME SOLAIRE. LA PLUS PROCHE EST SITUÉE À PLUS DE 4 ANNÉES-LUMIÈRE DE LA TERRA.

HISTOIRE

Il y a quelques années, chercher une planète hors de notre système solaire semblait absurde. Nous pensions que la création de planète était rare. De plus, la forte lumière dégagée par les étoiles et la distance rendait la détection presque impossible. Mais finalement, grâce à des techniques de détection indirectes, par exemple, en analysant les perturbations d'une étoile, la première exoplanète a été découverte en 1992, grâce au radiotélescope d'Arecibo. Les découvertes se sont ensuite enchaînées très rapidement.

UNE GRANDE QUANTITÉ

Au cours des dernières années, nous avons découvert plus de 4 000 exoplanètes. À présent, les scientifiques pensent que la formation de planète est très courante dans notre univers.

LA ZONE HABITABLE

La zone habitable d'une planète se situe dans une zone pas trop loin et pas trop proche de son étoile, où la vie, telle que nous la connaissons, pourrait voir le jour. Nous avons ainsi découvert plusieurs exoplanètes dans la zone habitable de leurs étoiles.

UNIVERS
VOIE LACTÉE

LA VOIE LACTÉE EST NOTRE GALAXIE. NOTRE PLANÈTE EST SITUÉE SUR UNE DES BRANCHES DE CETTE GALAXIE DE FORME SPIRALÉE.

HISTOIRE

La Voie lactée est visible à l'œil nu. Elle ressemble à une traînée de poussière blanche dans le ciel. L'homme a depuis toujours cherché à expliquer ce phénomène. Pour les Grecs, c'était du lait ayant coulé de la poitrine de la déesse Héra. Pour les Égyptiens, une copie du Nil. Mais certains Grecs comprirent très vite qu'il s'agissait probablement d'un amas d'étoiles. Cependant, la pensée la plus populaire était que la Voie lactée était une nébuleuse.

LA FORMATION

La galaxie se serait formée il y a environ 12 milliards d'années, suite à l'effondrement d'un nuage de gaz. Elle est donc très ancienne.
Dans environ 3 milliards d'années, elle entrera en collision avec sa voisine, Andromède. Les deux galaxies fusionneront alors pour donner une galaxie encore plus grande.

CARACTÉRISTIQUES

La Voie lactée est composée d'environ 300 milliards d'étoiles et mesure plus de 100 000 années-lumière.
Deux petites galaxies, le petit nuage de Magellan, le grand nuage de Magellan et la grande galaxie d'Andromède, sont ses plus proches voisines.

LES CONSTELLATIONS
UNIVERS

UNE CONSTELLATION EST LE NOM QUE NOUS DONNONS À UN REGROUPEMENT D'ÉTOILES, VISIBLE DEPUIS LA SURFACE DE LA TERRE.

HISTOIRE

Dans l'Antiquité, les hommes ont dessiné des cartes du ciel en reliant les étoiles entre elles et en leur donnant des formes. Cela leur permettait de lire plus facilement les cartes et de s'y retrouver un peu mieux. Les astronomes voyaient alors souvent des animaux ou des dieux, issus de leurs croyances et de leurs mythes. Aujourd'hui, certaines de ces appellations sont restées. Les plus connues sont par exemple la constellation d'Orion, le Grand Chien ou encore la Grande Ourse.

LA GRANDE OURSE

La Grande Ourse est probablement la constellation la plus connue. Dans sa totalité, elle forme un ours, mais elle peut être facilement reconnaissable en cherchant une grande casserole dans le ciel. Une fois celle-ci trouvée, il est alors facile de détecter la Petite Ourse et l'étoile polaire. Une étoile pratique pour s'orienter, car elle est immobile et indique toujours le nord.

ORION

La constellation d'Orion est célèbre pour ses étoiles très lumineuses, comme Bételgeuse, mais aussi pour son alignement de trois étoiles en son centre, qui la différencie facilement des autres, ainsi que grâce à sa magnifique nébuleuse, observable avec du matériel amateur.

SYSTÈME SOLAIRE

LE SYSTÈME SOLAIRE EST UN ENSEMBLE DE PLANÈTES (DONT LA TERRE) QUI SONT EN ORBITE AUTOUR DU SOLEIL, UNE ÉTOILE DE 4,5 MILLIARDS D'ANNÉES.

LES DÉBUTS

Le système solaire existe depuis 4,5 milliards d'années, suite à l'effondrement d'un nuage de gaz. En son centre, le Soleil, qui a expulsé les éléments légers loin de lui pour donner naissance aux planètes gazeuses, tandis que les éléments plus lourds, restés à proximité, ont fait naître les planètes telluriques ou rocheuses.

CARACTÉRISTIQUES

Le système solaire est composé d'une étoile, le Soleil ; de 8 planètes : Mercure, Vénus, la Terre, Mars, Jupiter, Uranus et Neptune ; de centaines de satellites comme la Lune ; de planètes naines, comme Pluton ou Éris ; d'astéroïdes, notamment entre Mars et Jupiter, c'est la ceinture d'astéroïdes et de comètes, notamment après Neptune, avec les ceintures de Kuiper et de Oort. Tous ces éléments sont en orbite autour du Soleil.

LE SOLEIL

SYSTÈME

LE SOLEIL EST NOTRE ÉTOILE. UNE BOULE DE FEU SITUÉE À 150 000 MILLIONS DE KILOMÈTRES DE LA TERRE. SANS LUI, LA VIE NE SERAIT PAS POSSIBLE SUR NOTRE PLANÈTE !

CARACTÉRISTIQUES

Le Soleil est une étoile de type naine jaune. C'est une énorme boule de feu, due à une réaction thermonucléaire. Il est principalement composé d'hydrogène et d'hélium. Il mesure 1 400 000 km de diamètre et a vu le jour il y a 4,5 milliards d'années. Sa température est d'environ 5 000 °C à sa surface et plus de 15 000 000 °C en son centre. Dans quelques milliards d'années, il commencera à enfler avant de mourir, il aura alors brûlé tout son gaz et ce sera la fin du système solaire.

LÉGENDES

De nombreux mythes et légendes circulent autour du soleil. Il a longtemps été considéré comme une source de vie et un véritable culte dans de nombreuses civilisations lui a été dédié. Par exemple, chez les Aztèques, où le Soleil était considéré comme un puissant Dieu.

PROXIMA DU CENTAURE

Proxima du Centaure est l'étoile la plus proche de notre Soleil. Elle est située à 39 900 milliards de km, soit 4,22 années-lumière et possède certainement des planètes en orbite.

SYSTÈME LA TERRE

LA TERRE EST NOTRE PLANÈTE. ELLE EST SITUÉE À 150 MILLIONS DE KM DU SOLEIL ET POSSÈDE UN SATELLITE NATUREL, LA LUNE. ELLE EST PRINCIPALEMENT RECOUVERTE D'EAU.

CARACTÉRISTIQUES

La Terre existe depuis environ 4,5 milliards d'années. C'est la 3ème planète du système, une planète tellurique constituée de roches avec en son centre un noyau de fer. Son diamètre est de 12742 kilomètres. Elle possède aussi un satellite qui tourne autour d'elle à environ 400 000 km. Elle est principalement recouverte d'eau avec des immenses océans qui ont notamment permis l'apparition de la vie.

LA VIE

La Terre est la seule planète connue où la vie existe. La vie est une caractéristique d'un être vivant, il naît, se nourrit, se reproduit, puis meurt. Elle est apparue très tôt, il y a environ 4 milliards d'années. Mais pendant longtemps, elle est restée sous une forme très simple, unicellulaire. Puis, il y a quelques centaines de millions d'années, elle s'est rapidement développée, donnant naissance aux dinosaures, aux hommes ou encore aux baleines.

LA LUNE

SYSTÈME

LA LUNE EST LE SATELLITE NATUREL DE LA TERRE. C'EST UNE SPHÈRE QUI GRAVITE À 400 000 KILOMÈTRES DE CELLE-CI. L'HOMME A MARCHÉ PLUSIEURS FOIS SUR LA LUNE.

LES DÉBUTS

La création de la Lune est probablement due à une protoplanète qui est entrée en collision avec la Terre. Les deux planètes auraient fusionné, et les nombreux débris, suite à la collision, auraient créé la Lune, petit à petit.
Elle a ensuite contribué a la protection de la Terre comme un bouclier contre de nombreux astéroïdes qui auraient pu s'écraser.

CARACTÉRISTIQUES

La Lune est un des plus gros satellites de notre système solaire. Elle mesure 3 474 km de diamètre. Elle est située à environ 400 000 km de la Terre, mais cette distance varie en cours d'année. Il lui faut environ 27 jours pour effectuer un tour complet de la Terre. La Lune est en rotation synchrone avec la Terre, nous voyons donc toujours la même face de notre satellite.

VOYAGE LUNAIRE

Dès l'année 1959, les hommes ont mis en place des programmes, avec pour objectif d'aller sur la Lune. L'Union soviétique et les États-Unis se sont livrés une véritable bataille à distance. Et en 1969, l'Américain Neil Armstrong est le premier humain à marcher sur la Lune !

SYSTÈME MERCURE

MERCURE EST LA PREMIÈRE PLANÈTE DE NOTRE SYSTÈME SOLAIRE. C'EST AUSSI LA PLUS PETITE. C'EST UNE PLANÈTETELLURIQUE QUI NE POSSÈDE PAS DE SATELLITE.

CARACTÉRISTIQUES

Mercure est la plus petite planète de notre système, elle fait seulement 2 439 km de diamètre et est située à 60 millions de km du Soleil en moyenne. C'est une planète composée de roche, elle réalise un tour du Soleil en seulement 88 jours.

TEMPÉRATURE

Mercure est une planète trop petite pour retenir une atmosphère.
Sans atmosphère, elle subit de gros changements de température. En effet, quand la planète est éclairée par le Soleil, la température peut monter à 460 °C, tandis que quand elle est dans l'ombre, la température descend à -180 °C !

VÉNUS

SYSTÈME

VÉNUS EST LA SECONDE PLANÈTE DE NOTRE SYSTÈME. PROCHE DE LA TERRE, C'EST L'ÉTOILE LA PLUS VISIBLE DANS NOTRE CIEL. ELLE EST SOUVENT APPELÉ L'ÉTOILE DU BERGER.

CARACTÉRISTIQUES

Vénus est une planète tellurique qui est située à environ 110 millions de km du Soleil. Elle mesure 12 100 km de diamètre et réalise le tour du soleil en 243 jours. Elle ressemble beaucoup à la Terre, mais possède en plus une atmosphère très dense.
Elle a un sens de rotation inversé par rapport aux autres planètes, signe probablement d'un cataclysme majeur dans son histoire. La planète ne possède pas de satellite, contrairement à la Terre.

COUP DE CHAUD

La planète est extrêmement chaude. Il y fait en moyenne 460 °C, c'est la planète la plus chaude du système. Cette température est due à son épaisse atmosphère, riche en dioxyde de carbone, qui provoque un effet de serre très important. Vénus est donc une jumelle de la Terre, mais une jumelle chaude.

L'ÉTOILE DU BERGER

De par sa proximité avec nous et sa grande taille, la planète est bien visible dans notre ciel, le matin ou le soir. C'est l'étoile la plus lumineuse du ciel ! C'est pour cette raison qu'elle est surnommée l'étoile du berger ou l'étoile du matin.

SYSTÈME MARS

MARS, SURNOMMÉE LA PLANÈTE ROUGE, EST LA 4E PLANÈTE DE NOTRE SYSTÈME. C'EST LA PLANÈTE LA PLUS ÉTUDIÉE PAR L'HOMME CAR ON A LONGTEMPS CRU QU'ELLE POUVAIT ABRITER LA VIE.

CARACTÉRISTIQUES

Mars est une planète rocheuse, qui mesure 6 800 km de diamètre et est située à environ 228 millions de km du Soleil. Elle est donc relativement proche de la Terre en termes de distance. Elle possède également 2 petits satellites : Phobos et Déimos. Elle est surnommée la planète rouge en raison des oxydes de fer qui se trouvent dans le sol. Il fait relativement froid sur la planète, entre -140 °C et +20 °C. Il y plusieurs millions d'années, elle avait probablement des rivières et des océans.

EXPLORATIONS

L'homme a toujours soupçonné Mars d'accueillir de la vie (d'où le mot Martien). C'est pour cette raison que des robots ont été envoyés sur la planète pour pouvoir étudier son sol. Curiosity est le dernier. Nous savons maintenant que de l'eau peut exceptionnellement couler sur Mars et qu'auparavant, la planète devait avoir de grandes quantités d'eau. Mais aucune vie, même primitive, n'a pour le moment été trouvée.

JUPITER

SYSTÈME

JUPITER EST LA PLUS GROSSE PLANÈTE DE NOTRE SYSTÈME SOLAIRE. ELLE POSSÈDE DE NOMBREUX SATELLITES ET DES PETITS ANNEAUX.

CARACTÉRISTIQUES

Jupiter est une très grosse planète, elle mesure plus de 10 fois la taille de la Terre, soit 143 000 km de diamètre ! C'est une géante gazeuse ; elle est donc principalement composée de gaz à 80 % d'hydrogène et à 17 % d'hélium.
Elle est située à 770 millions de km du Soleil, après Mars et la ceinture d'astéroïdes. Il lui faut 12 ans pour faire le tour de notre étoile.

SATELLITES

Jupiter possèderait, en plus de ses anneaux, 79 satellites, dont 4 qui sont célèbres par leur taille. Il s'agit de Europe, Io, Ganymède et Callisto : ce sont les Lunes galiléennes. Ce sont les premiers satellites (hors de la Lune) qui ont été découverts par l'homme grâce à leur grande taille. Ils sont très intéressants pour la recherche d'une vie primitive, notamment Europe, qui semble posséder un immense océan souterrain.

TACHE ROUGE

Jupiter est aussi connue pour avoir une grande tache sur sa surface. Cette tache, grande comme la Terre, est un gigantesque ouragan en activité depuis au moins 400 ans ! Jupiter est aussi une planète très venteuse.

SYSTÈME SATURNE

SATURNE, COMME JUPITER, EST UNE GÉANTE GAZEUSE. ELLE EST CÉLÈBRE POUR SES ÉPAIS ANNEAUX. ELLE EST ÉGALEMENT VISIBLE DANS LE CIEL À L'ŒIL NU.

CARACTÉRISTIQUES

Saturne est une planète gazeuse située après Jupiter. Elle mesure 120 536 km de diamètre et est située à 1,427 milliard de km du Soleil. Il fait très froid sur Saturne : environ -140 °C et la planète, en plus de ses célèbres anneaux, possède environ 80 satellites. Enfin, la planète effectue une rotation du Soleil en 29 ans.

LES ANNEAUX

Saturne est connue pour ses nombreux satellites, comme Titan, mais surtout pour ses anneaux. Il est d'ailleurs possible de les observer avec un simple télescope amateur. La planète possède 7 anneaux qui sont composés de glace, de roche, de sable et de petits cailloux. Ces anneaux s'entendent sur plus de 360 000 km.

URANUS

SYSTÈME

COMME JUPITER ET SATURNE, URANUS EST UNE GRANDE PLANÈTE GAZEUSE COMPOSÉE D'HYDROGÈNE ET D'HÉLIUM. ELLE EFFECTUE UN TOUR DU SOLEIL EN 84 ANS.

CARACTÉRISTIQUES

Uranus est la septième planète de notre système, elle est située à 280 0000 000 km du Soleil et met 84 ans pour en faire le tour. C'est une géante gazeuse. Elle mesure 51 800 km de diamètre et est donc plus petite que ses sœurs, Jupiter et Saturne.
Uranus est aussi la planète la plus froide du système solaire, il fait -224 °C, c'est proche des -273 °C du vide.
Elle a été survolée par une seule sonde, Voyager 2, en 1984, c'est l'une des planètes les moins connues de notre système.

PARTICULARITÉS

Uranus est la planète la plus froide du système solaire, il fait -224 °C, c'est proche des -273 °C du vide.
Autre particularité, Uranus tourne dans le sens inverse du Soleil. De plus, son inclinaison fait penser qu'elle a subi un gros choc avec une protoplanète. Les débris de la collision auraient peut-être créé les satellites et les anneaux de la planète.

SATELLITES

Uranus possède 27 satellites. Titania est le plus gros, avec 1 578 km de diamètre. Uranus possède aussi des anneaux, moins visibles que ceux de Saturne, mais plus que ceux de Jupiter.

SYSTÈME NEPTUNE

NEPTUNE EST LA DERNIÈRE PLANÈTE DE NOTRE SYSTÈME, ELLE EST TRÈS ÉLOIGNÉE DE NOTRE ÉTOILE. C'EST ÉGALEMENT UNE GÉANTE GAZEUSE.

CARACTÉRISTIQUES

Neptune est la planète la plus éloignée du Soleil. Elle est située à 4,5 milliards de km de son étoile et met 164 ans pour en faire le tour. Son diamètre est de 49 000 kilomètres, c'est donc la plus petite des planètes gazeuses de notre système. Son atmosphère est notamment composée de méthane, ce qui lui donne cette couleur bleue. Elle possède aussi une grande tache sombre à sa surface, qui est en réalité un gigantesque anticyclone.

SATELLITES

La planète possèderait 14 satellites, dont le plus gros est Triton, avec 2700 km de diamètre. C'est probablement une planète naine que Neptune aurait capturé dans son champ gravitationnel. En effet, le sens de rotation du satellite est inversé par rapport à sa planète. La planète possède aussi des anneaux qui ressemblent à ceux de Jupiter.

SATELLITES SYSTÈME

UN SATELLITE EST UN OBJET EN ORBITE AUTOUR D'UNE PLANÈTE. IL PEUT ÊTRE NATUREL, C'EST ALORS UN GROS ROCHER, OU ARTIFICIEL ET DÉPLOYÉ PAR L'HOMME, COMME LA STATION SPACIALE INTERNATIONALE.

NATUREL

Notre système solaire comporte environ 620 satellites naturels. Le plus gros est Ganymède qui mesure 5 268 km de diamètre. Il est plus gros que Mercure. C'est Saturne qui comporte le plus de satellites naturels, juste devant Jupiter.
Mercure et Vénus sont les seules planètes à ne pas en posséder. La Terre en possède un, la Lune, qui a, pendant longtemps, servi de bouclier à notre planète.

ARTIFICIEL

Notre planète comporte de nombreux satellites artificiels, des objets mis en orbite par l'homme. Nos satellites nous servent à communiquer, à nous localiser, à observer la météo, à prendre des photos, etc. Le premier, Spoutnik 1, a été lancé en 1957 par l'URSS. Depuis, plus de 11 000 satellites ont été déployés autour de notre planète.

STATION SPATIALE

La station spatiale internationale est le plus grand objet humain placé en orbite. Elle mesure 110 m de long et a nécessité la coopération de plusieurs pays pour être créée. Elle est visible à l'œil nu la nuit et se déplace rapidement dans le ciel, comme un point lumineux.

SYSTÈME PLANÈTE NAINE

UNE PLANÈTE NAINE EST UNE PETITE PLANÈTE QUI N'A PAS RÉUSSI À NETTOYER SON ENVIRONNEMENT. DE NOMBREUX CORPS SONT DONC EN ORBITE AUPRÈS D'ELLE. ON LES TROUVE SURTOUT APRÈS NEPTUNE.

PLUTON

Pluton a été découverte en 1930. Jusqu'en 2006, elle était considérée comme une planète. En effet, 2006 est la période où nous avons découvert de nombreux corps semblables à Pluton. La définition d'une planète a donc été rectifiée pour avoir seulement 8 planètes. Pluton comporte 5 satellites, dont un très gros, Charon.

CEINTURE DE KUIPER

La ceinture de Kuiper est un ensemble de roches et de glaces situé après Neptune. On retrouve de nombreuses planètes naines dans cette ceinture. Éris, par exemple, est un objet plus massif que Pluton, mais aussi Haumea ou Makemake. Cérès est la seule planète naine située en dehors de la ceinture de Kuiper.

ASTÉROÏDE

SYSTÈME

LES ASTÉROÏDES SONT DES GROS BLOCS DE ROCHES EN ORBITE AUTOUR D'UNE ÉTOILE. DANS NOTRE SYSTÈME SOLAIRE, LA MAJORITÉ D'ENTRE EUX SONT SITUÉS ENTRE MARS ET JUPITER.

LA CEINTURE D'ASTÉROÏDES

La ceinture d'astéroïdes est une zone située entre Jupiter et Mars et qui contient plusieurs centaines de milliers d'astéroïdes. Certains sont très gros, comme Cérès, mais la plupart sont très petits, de quelques centimètres seulement. Malgré leur nombre, ils sont souvent éloignés de plusieurs millions de km. C'est en 1801 que le premier astéroïde a été découvert. Et en 1972, la sonde Pioneer 10 a été le premier engin spatial à la traverser.

LES DÉBUTS

La ceinture d'astéroïdes est probablement une planète qui n'a jamais réussi à s'agglomérer. En cause, notamment les perturbations liées à Jupiter. Au fil du temps, de nombreux astéroïdes auraient d'ailleurs été éjecté de la ceinture.

CÉRÈS

Cérès est le plus gros astéroïde de la ceinture. Il mesure environ 950 km de diamètre et est la plus petite planète naine de notre système. L'astéroïde représente près d'un tiers de la masse totale de la ceinture d'astéroïdes.

SYSTÈME : LES COMÈTES

UNE COMÈTE EST UNE BOULE DE GLACE ET DE ROCHE. EN S'APPROCHANT DU SOLEIL, LA GLACE FOND ET LAISSE APPARAÎTRE UNE LONGUE TRAÎNÉE BLANCHE. C'EST LA QUEUE DE LA COMÈTE.

LES ORIGINES

Les comètes sont des corps célestes composés de glace et de roche. La majorité proviendrait du nuage d'Oort, un gigantesque réservoir de comètes et d'astéroïdes. D'autres proviendraient également de la ceinture de Kuiper. En raison de leur distance avec le Soleil, les comètes mettent plusieurs centaines d'années à en faire le tour. Certaines vont également disparaître avec le temps, en tombant sur une planète ou en brûlant toute leur glace.

LA COMÈTE DE HALLEY

La comète de Halley est l'une des comètes les plus célèbres. En effet, proche du Soleil, elle effectue une rotation en seulement 76 ans. Son prochain passage aura lieu en 2062. Elle a été mentionnée dans plusieurs textes et apparaît probablement sur plusieurs célèbres tableaux. D'autres comètes sont aussi célèbres, comme la comète de Sarrabat, l'une des plus grandes jamais observées. Son noyau devait faire près de 100 km.

MÉTÉORITES

SYSTÈME

UNE MÉTÉORITE EST UN CORPS CÉLESTE QUI ENTRE DANS L'ATMOSPHÈRE DE LA TERRE ET QUI PERCUTE SA SURFACE.

ÉTOILE FILANTE

Quand un corps entre dans l'atmosphère terrestre, il va se mettre à brûler à cause des frictions avec les particules et créer de la lumière. On appelle alors cela une étoile filante ou un météore. Si l'étoile filante touche le sol, on parle alors de météorites. La majorité sont très petites, mais certaines peuvent mesurer plusieurs km et provoquer de véritables catastrophes.

TCHELIABINSK

En 2013, une météorite est entrée dans l'atmosphère terrestre au-dessus de la Russie, près de la ville de Tcheliabinsk. La météorite mesurait seulement 20 m de diamètre et a heureusement explosé dans l'atmosphère. L'onde de choc a détruit les vitres des bâtiments et fait plus de 1 000 blessés. Si l'objet n'avait pas explosé en vol, il aurait fait probablement des dizaines de milliers de morts.

GRANDE CATASTROPHE

Les plus grosses météorites ou astéroïdes peuvent provoquer de grandes catastrophes sur notre planète. Par exemple, la disparition des dinosaures est probablement due en partie à une météorite, qui s'est écrasée il y a 66 millions d'années dans le golfe du Mexique. Elle devait mesurer environ 12 km de diamètre.

LA TERRE — LA VIE

LA VIE EST UNE CARACTÉRISTIQUE DES ÊTRES VIVANTS. POUR L'INSTANT, LA TERRE EST LA SEULE PLANÈTE SUR LAQUELLE ON A DÉCOUVERT DES FORMES DE VIE.

LES ÊTRES VIVANTS

Les êtres vivants sont des organismes qui naissent, grandissent, se reproduisent et meurent. Les premiers sur Terre sont apparus il y a environ 4 milliards d'années. Pendant longtemps, les être vivant étaient relativement simples. Mais il y a environ 500 millions d'années, la vie s'est fortement développé pour donner une multitude d'espèces.

NOTRE SYSTÈME SOLAIRE

Pour le moment, la Terre est la seule planète sue laquelle nous avons découvert des formes de vie. Mais d'autres planètes ou satellites sont de bons candidats. Mars pourrait avoir vu de la vie apparaître sur son sol, tout comme Europe, satellite de Jupiter, qui possèderait un immense océan d'eau liquide sous sa surface. Des formes de vie primitives pourraient s'y trouver.

LA GRAVITÉ

SCIENCE

LA GRAVITÉ EST UN PHÉNOMÈNE NATUREL QUI CORESPOND À L'ATTRACTION D'OBJET ENTRE EUX. PLUS LE CORPS EST MASSIF ET PLUS L'ATTRACTION SERA IMPORTANTE.

NEWTON

Newton est le premier scientifique à décrire la force de gravitation. Il aurait découvert celle-ci en voyant une pomme tomber d'un arbre. En effet, c'est grâce à la gravité que la pomme tombe sur la terre, elle est attirée par notre planète. C'est aussi pour cela que la Terre tourne autour du Soleil, car elle est attirée par notre étoile, tout comme la Lune qui tourne autour de la Terre.

C'est Newton qui mis au point la formule sur la force de gravité
$F = (Ma \times Mb) / (d \times d)$

EINSTEIN

Einstein a travaillé sur la théorie de la relativité générale. Il explique que la masse, l'espace et le temps sont liés. La gravité serait en réalité due à la déformation de l'espace par une masse. Un corps lourd courbe l'espace, ce qui attire les autres objets à proximité. Plus il est lourd et plus l'espace sera courbé !

NOTRE SYSTÈME

Le système solaire peut exister grâce à la gravité. C'est cette force qui maintient les planètes en orbite autour du Soleil, mais aussi les satellites autour de leurs planètes.

SCIENCE
LA VITESSE LUMIÈRE

LA VITESSE DE LA LUMIÈRE EST DE 300 000 KM/S. RIEN NE PEUT ALLER PLUS VITE DANS L'ESPACE. C'EST POUR CETTE RAISON QUE L'ON A CRÉÉ UNE UNITÉ DE MESURE GRÂCE À CETTE VITESSE.

EXPLICATION

La vitesse de la lumière est la vitesse d'une onde électromagnétique dans le vide. Elle est exactement de 299 792 458 m/s. C'est-à-dire que l'onde lumineuse va se déplacer dans l'espace comme une fusée. Par exemple, la lumière du soleil met environ 8 minutes à arriver jusqu'à nous, tandis qu'avec une fusée, il nous faudrait au minimum plusieurs mois pour l'atteindre !

UNE ANNÉE-LUMIÈRE

Une année-lumière est la distance parcourue par la lumière en une année, ce qui représente 9 461 milliards de kilomètres. C'est donc une unité de mesure très pratique pour mesurer des grandes distances dans l'univers. Par exemple, l'étoile la plus proche de notre système est située à un peu plus de 4 années-lumière. Certaines galaxies sont en revanche situées à plusieurs milliards d'années-lumière de la Terre !

SCIENCE : NEWTON

ISAAC NEWTON EST UN CÉLÈBRE SCIENTIFIQUE, À L'ORIGINE DE LA THÉORIE DE LA GRAVITATION. LA LÉGENDE RACONTE QU'UNE POMME LUI EST TOMBÉE SUR LA TÊTE ET QUE C'EST GRÂCE À CELA QU'IL COMPRIT COMMENT FONCTIONNAIT LA GRAVITÉ.

SON HISTOIRE

Isaac Newton est né en 1642 et il est considéré comme l'un des plus grands scientifiques de l'histoire. Après une enfance difficile, il part à 18 ans étudier les mathématiques. Il deviendra ensuite professeur, puis il passera la majorité de son temps à travailler seul sur ses théories.

DÉCOUVERTES

Newton est à l'origine de nombreuses découvertes scientifiques. Par exemple, en 1672, il crée le premier télescope. Puis il travaille sur le calcul infinitésimal, , le son, la décomposition de la lumière, la gravitation, les mouvements, les vitesses, etc. Newton, grâce à ses découvertes, a marqué notre monde et notre culture. Encore aujourd'hui, ses théories sont enseignées à l'école.

COPERNIC

SCIENCE

NICOLAS COPERNIC EST UN SCIENTIFIQUE POLONAIS, QUI S'EST BATTU POUR PROUVER QUE LA TERRE N'ÉTAIT PAS LE CENTRE DE L'UNIVERS ET QU'ELLE TOURNAIT AUTOUR DU SOLEIL.

HISTOIRE

Copernic est un astronome polonais, né en 1473. Il étudie le mouvement des étoiles et des planètes. Un jour, il se rend compte que certaines planètes semblent faire marche arrière. Il en déduit que toutes les planètes doivent tourner autour de quelque chose, selon des vitesses et des distances différentes. Il comprend alors que la Terre tourne autour du soleil, comme la lune tourne autour de la Terre et que notre planète est semblable aux autres astres connus, comme Vénus, Jupiter, Mercure et Saturne.

HÉLIOCENTRISME

À l'époque, tout le monde pensait que la Terre était le centre de tout, c'est le géocentrisme. Copernic découvre alors qu'en fait, la Terre tourne autour du Soleil, c'est l'héliocentrisme. Il écrit alors un ouvrage "La Révolution des sphères célestes".

L'ÉGLISE

Ses théorie sont très critiquées par les savants de l'époque, mais surtout par l'Église, qui interdira son livre pendant plus de 300 ans ! C'est Galilée, avec sa lunette astronomique, qui permettra de voir réellement l'héliocentrisme, en observant les lunes de Jupiter.

SCIENCE

ARMSTRONG

NEIL ARMSTRONG EST LE PREMIER HOMME À AVOIR MARCHÉ SUR LA LUNE, LE 21 JUILLET 1969, AU COURS DE LA MISSION APOLLO 11

HISTOIRE

Neil Alden Armstrong est né en 1930, aux États-Unis. Très jeune, il s'intéresse à l'aviation et fait son baptême de l'air à seulement 6 ans. Il deviendra par la suite pilote d'essai pour les USA, puis astronaute. Il décide de se porter volontaire pour le programme Apollo. Mais son premier vol dans l'espace est la mission Gemini 8. Il sera aussi le commandant de la mission Apollo 11 et deviendra donc le premier homme à marcher sur la Lune !

APOLLO

Le programme Apollo est un programme de la NASA qui durera de 1961 à 1972. Il avait comme objectif de faire marcher l'homme sur la Lune et ainsi, d'augmenter le prestige des États-Unis. Plusieurs hommes marcheront sur la Lune au cours de plusieurs missions. Apollo 11 est la première d'entre elles, c'est Armstrong qui sera le premier à fouler le sol de notre satellite, suivi par Buzz Aldrin.

EINSTEIN

$E=mc^2$

SCIENCE

ALBERT EINSTEIN EST UN CÉLÈBRE PHYSICIEN, NÉ EN 1879. IL A REMPORTÉ LE PRIX NOBEL EN 1921.

EINSTEIN

Einstein est un célèbre physicien, né le 14 mars 1879 en Allemagne et mort aux États-Unis en 1955.
Il est notamment célèbre pour sa formule $E=MC^2$ et son prix Nobel sur l'effet photoélectrique.
Il n'a pas contribué directement à la bombe atomique. Il était pacifiste, mais ses recherches ont aidé les hommes à la créer.
Ses nombreuses théories font probablement de lui le plus grand scientifique de l'histoire.

DÉCOUVERTES

Les travaux et découvertes de Einstein sont nombreux. Il est par exemple à l'origine de l'effet photoélectrique des panneaux solaires, de la théorie de la relativité générale, qui perfectionne la théorie de la gravité, mais aussi de la théorie de la relativité restreinte, du fonctionnement des lasers ou encore, de nombreux travaux sur la physique quantique.

SCIENCE

GALILÉE

GALILÉE EST UN MATHÉMATICIEN, PHYSICIEN ET ASTRONOME ITALIEN. C'EST LUI QUI A, PAR EXEMPLE, DÉCOUVERT LES PRINCIPAUX SATELLITES DE JUPITER APPELLÉS LUNES GALILÉENNES.

GALILÉE

Galilée est un astronome, mathématicien et physicien Italien, né en 1564, à Pise. Il s'est intéressé très jeune aux sciences et a fait de nombreuses découvertes. Il a affirmé, comme Copernic, que la Terre tournait autour du Soleil. Il a alors été condamné par l'Église et a fini sa vie enfermé dans une résidence à Florence. Il meurt en 1642, à l'âge de 77 ans.

LES DÉCOUVERTES

Galilée est célèbre pour ses nombreuses découvertes, notamment sur la pesanteur, la mécanique ou encore sur les mouvements. Il a également créé sa propre lunette astronomique, qui lui a permis de découvrir les 4 principaux satellites de Jupiter, mais aussi les anneaux de Saturne. Il a publié plusieurs ouvrages sur la position de la Terre dans notre système solaire.

TÉLESCOPE

SCIENCE

UN TÉLESCOPE EST UN OUTIL D'OPTIQUE COMPOSÉ DE MIROIRS. IL PERMET DE VOIR DES OBJETS TRÈS ÉLOIGNÉS, COMME LES PLANÈTES, LES GALAXIES OU LES NÉBULEUSES.

HISTOIRE

C'est Newton qui, en 1666, créa le premier télescope en utilisant un miroir concave. Au fil des années, l'homme a créé des télescopes de plus en plus gros pour voir des objets de plus en plus loin. Le télescope qui a servi à découvrir Uranus a été, par exemple, l'un des plus gros du monde pendant 60 ans. Les télescopes sont souvent placés au sommet des grandes montagnes, et parfois même dans l'espace, pour éviter toute perturbation !

LES PLUS PUISSANTS

Les télescopes sont de plus en plus gros pour avoir de plus gros miroirs et être donc plus puissants. Le télescope Hubble, placé en orbite autour de la Terre, possède par exemple 4 miroirs de plus de 8 mètres ! Il a aujourd'hui été supplanté par le télescope James-Webb, le télescope le plus performant que l'homme ait jamais créé. Mis en orbite en 2022, les scientifiques estiment pouvoir faire des découvertes prodigieuses grâce à lui !

LA TERRE — LES FUSÉES

UNE FUSÉE EST UN ENGIN CAPABLE D'EMPORTER UNE CHARGE EN DEHORS DE NOTRE PLANÈTE, SUR SON ORBITE, MAIS AUSSI BEAUCOUP PLUS LOIN !

PRINCIPE

Une fusée décolle grâce à un principe de physique appelé action-réaction. Le lanceur brûle du carburant, qui produit du gaz et de la chaleur, qui vont s'échapper du moteur et créer une poussée vers le haut pour faire décoller l'engin. La fusée est composée d'un grand réservoir de carburant, de plusieurs moteurs, de boosters et de la charge utile, par exemple, un satellite.

DES FUSÉES CÉLÈBRES

La première fusée à mettre un satellite en orbite est la fusée Semiorka de l'URSS. Mais la plus célèbre est probablement la fusée Saturne V, qui était la figure de proue du programme Apollo. Aujourd'hui, c'est surtout la Falcon Heavy de SpaceX qui fait parler d'elle, c'est actuellement la plus puissante des fusées en activité.

VOYAGER 1

SCIENCE

VOYAGER 1 EST L'UNE DES SONDES DU PROGRAMME "*VOYAGER*", DESTINÉE À L'ÉTUDE DES PLANÈTES QUI N'AVAIENT JAMAIS ÉTÉ EXPLORÉES JUSQU'ALORS, COMME SATURNE OU JUPITER.

OBJECTIF

L'objectif de la sonde était d'explorer des objets lointains. Elle est lancée en 1977 et survole Jupiter en 1979. Elle étudie ses satellites, notamment le volcanisme de Io. Elle découvre ses anneaux ou encore la grande tache rouge, qui est un immense ouragan. En 1980, elle survole Saturne et Titan en étudiant son épaisse atmosphère. Puis la sonde continue sa mission vers les confins du système solaire. Elle se trouve aujourd'hui à une distance de la Terre de 23 239 725 300 km et devrait pouvoir continuer de nous envoyer des données jusqu'en 2025.

VOYAGER 2

Voyager 2 est la seconde sonde du programme "*Voyager*". Elle est lancée en 1977 et a notamment survolé Saturne, Uranus et Neptune. C'est d'ailleurs le seul engin à s'être approché d'Uranus et de Neptune ! Elle se situe aujourd'hui à plus de 19 334 186 000 kilomètres de la Terre !

LE DISQUE D'OR

Les deux sondes ont été équipées d'un disque d'or, fournissant de nombreuses informations sur notre planète et sur l'homme à quiconque tomberait un jour sur ces sondes. Les disques devraient survivre plus longtemps que la Terre ou le soleil et arriver peut-être un jour jusqu'à une autre civilisation !

MERCI POUR TON ACHAT

À BIENTÔT AVEC LES ÉDITIONS
JENNA SMITH

©2022 ÉDITIONS JENNA SMITH. TOUS DROITS RÉSERVÉS. AUCUNE PARTIE DE CE LIVRE NE PEUT ÊTRE REPRODUITE ET DISTRIBUÉE SANS LA PERMISSION ÉCRITE DE L'ÉDITEUR.

Printed in France by Amazon
Brétigny-sur-Orge, FR